LE

PETIT MATELOT,

OU

L'HEUREUX NAUFRAGE,

PANTOMIME COMIQUE EN UN ACTE, MÊLÉE DE DANSES,

De la composition de M. LEFEBVRE, maître
de Ballets du Théâtre de la Gaîté ;

Représentée pour la première fois, à Paris, sur ledit Théâtre,
le Mardi 4 Juin 1822.

PRIX : 50 centimes.

PARIS,

chez { DUVERNOIS, Libraire-Editeur de pièces de théâtre,
Cour des Fontaines, passage d'Henri IV, nos 7 et 10 ;
Mme SÉDILLE, Libraire, boulevard du Temple, n° 16.

1822.

PERSONNAGES.	ACTEURS.
Sabord, capitaine corsaire............	M. PARENT.
Fulbert, fils de Sabord.............	Mᵐᵉ SALKIN.
Le père Thomas.................	M. GODET.
Mathurin, père de Bazile............	M. BLANCHARD.
Bazile, fils de Mathurin, amant de Lise.	M. VICTOR CHATILLON.
Nicaise, amoureux de Cécile.........	M. CHÉZA.
Colin, jeune villageois.............	M. ÉMILE.
Un jeune paysan.................	M. HYPOLITE MONNET.
Le Tabellion du village............	M. JOSEPH.
La mère Thomas.................	Mᵐᵉ CHÉZA.
Cécile, fille de Thomas.............	Mᵐᵉ CHARINI.
Lise, fille de Thomas, et promise à Bazile.	Mˡˡᵉ ROULEAU cadette.

Annette,		Mˡˡᵉ ROULEAU aîné.
Colette,	Villageoises	Mˡˡᵉ BOIS.
Suzette,		Mˡˡᵉ ROUFE.
Fanchette,		Mˡˡᵉ DURIER.

PAYSANS ET PAYSANNES.

La Scène se passe en Provence, et sur le bord de la mer.

LE
PETIT MATELOT,

 O U

L'HEUREUX NAUFRAGE.

Le théâtre représente le bord de la mer entouré de rochers. A droite est un grand monticule qui se partage en deux; un côté conduit au hameau, qui est élevé, et l'autre aboutit à une pointe de rocher attenant à une maison isolée du hameau, et qui avance sur le rocher. Sur le même côté, à la quatrième coulisse, on voit la maison du père Thomas à gauche; et à la deuxième coulisse, une tonnelle entourée d'arbres et d'arbustes fleuris. Dans le fond, du même côté, un autre monticule qui borde le rivage et qui touche à des rochers.

(*Le jour commence à poindre.*)

SCÈNE PREMIERE.

CÉCILE, *seule.*

Elle sort de la maison, regarde si le ciel est pur; elle voit que tout annonce un beau jour; elle en témoigne la plus grande joie.

Elle appelle Lise pour lui faire voir que tout se prépare pour la célébration de son mariage. Lise paraît.

SCÈNE II.

CÉCILE, LISE.

Cécile conduit Lise sur le bord de la mer, et l'engage à garnir la tonnelle de fleurs, et à l'aider à porter le déjeuner pour leurs parens, ce qu'elles font avec vîtesse ; mais Lise regarde toujours du côté du hameau pour voir si Bazile n'arrive pas.

Cécile, qui s'aperçoit de son inquiétude, fait tout ce qu'elle peut pour la distraire ; mais Lise témoigne toujours le désir de voir arriver Bazile: Cécile se plaît à la faire enrager ; mais Lise!, impatientée, finit par se fâcher; elle dit à sa sœur qu'elle est beaucoup trop jeune pour savoir ce que c'est que d'aimer, et que, si elle était à sa place, elle aurait pour elle plus d'indulgence.

(Cécile doit mettre beaucoup de finesse dans cette scène.)

SCENE III.

CÉCILE, LISE, ensuite le père et la mère THOMAS.

Pendant que Cécile démontre à sa sœur tout ce qu'il faut pour rendre une fille heureuse, le père et la mère Thomas sortent de leur maison, sans être vus de Cécile et de Lise. Le père Thomas écoute sa fille et rit de tout son cœur. La mère Thomas témoigne au contraire beaucoup d'humeur. Lise écoute avec indifférence.

Le père Thomas fait tout ce qu'il peut pour retenir sa femme qui, à la fin, s'échappe, et court après Cécile ; celle-ci, surprise, s'enfuit du côté de son père pour éviter la colère de sa mère. Le père Thomas donne un baiser à sa fille.

Lise montre à sa mère la tonnelle décorée de guirlandes de fleurs.

La mère Thomas demande à Lise si c'est elle qui a

eu cette obligeante attention. Lise lui dit que c'est sa sœur.

La mère Thomas, touchée de la prévenance de sa fille, s'appaise, et le père Thomas conduit Cécile dans les bras de sa mère qui l'embrasse avec attendrissement.

SCENE IV.

LES MÊMES, jeunes Villageois et Villageoises.

Les jeunes villageois viennent annoncer à la famille Thomas l'arrivée du père Mathurin et de Bazile son fils.

On entend dans le lointain divers instrumens qui annoncent l'arrivée du cortège de la noce. Cécile et Lise demandent au père Thomas la permission d'aller au-devant des villageois, ce qu'il leur permet avec plaisir.

Le père Thomas ordonne aux jeunes villageois de préparer tout pour le repas ; ceux-ci s'empressent de porter sous la tonnelle tout ce qui est nécessaire.

SCENE V.

Le père et la mère THOMAS, LISE, CÉCILE, le Tabellion précédant le Notaire, suivi de Villageois et Villageoises. conduits par BAZILE, NICAISE jouant de la musette, et COLIN du flageolet. Au milieu du groupe est le père MATHURIN, Vieillard vénérable du canton et appuyé sur deux petits enfans.

Le tout forme une marche générale. Ils viennent former un tableau au milieu du théâtre et se prosternent aux pieds du bon vieillard.

Mathurin remercie le Ciel de lui avoir procuré la jouissance d'un jour aussi agréable ; il presse ses enfans sur son cœur ; il est ensuite conduit par sa famille sous la tonnelle.

Les paysans se placent de différens côtés, ce qui forme un tableau général.

SCENE VI.

LES MÊMES, COLIN et ANNETTE apportant des corbeilles de fruits.

On voit le père Mathurin placé au milieu de la table, le père et la mère Thomas à ses côtés, Lise à côté de sa mère, Bazile à côté du Magister, Nicaise se place auprès de Cécile qui le pousse au bout du banc et le met dans une position gênante.

Annette et Colin distribuent des fruits à tout le monde; ensuite ils vont engager Bazile et Lise à danser ensemble. Ceux-ci en demandent la permission à leurs parens, qui la leur accordent avec plaisir.

Ils dansent un pas très-gai qui est interrompu par Nicaise qui s'avance en jouant de la musette. Le son aigre de cet instrument déplaît aux villageois. Cécile le lui arrache. Il est remplacé par Colin qui vient en jouant sur son flageolet un air très-vif, et sur lequel tous les villageois exécutent une danse très-animée, pendant laquelle Nicaise est repoussé par Cécile et ballotté par tout le monde.

A la fin de cette danse le tabellion donne le signal du départ. Cécile distribue des bouquets à tout le monde, excepté à Nicaise qui se présente toujours et qui enrage de n'en pas avoir.

Bazile donne le bras à Lise pour partir; tous les villageois donnent à leur tour le bras aux villageoises. Nicaise offre le sien à Cécile qui le repousse et court le donner au vieux père Mathurin qui, dans le transport de sa joie, se croit rajeuni de dix ans.

Tout le monde se met en marche en se dirigeant du côté du hameau. Au même instant, le ciel se couvre d'épais nuages. On entend gronder le tonnerre; chacun reste surpris.

Le père Mathurin appelle tout le monde auprès de lui. On l'entoure. Il écoute: le temps a l'air de se calmer. Le père Mathurin rassure les villageois, et les engage à continuer leur route.

Ils vont pour partir, lorsque le tonnerre gronde avec plus de force, et le ciel paraît tout en feu.

Thomas engage le père Mathurin à entrer chez lui pour y attendre la fin de l'orage, ce qu'il accepte ainsi que toute la famille; ils entrent dans la maison de Mathurin, à l'exception de Nicaise à qui Cécile ferme la porte au nez.

Les villageois et les villageoises se sauvent du côté du hameau.

SCÈNE VII.

NICAISE, *seul*.

L'orage continue avec plus de violence; le tonnerre éclate de toutes parts avec un fracas horrible; Nicaise témoigne la plus grande frayeur, et ne sait où se cacher. Il frappe de toutes ses forces à la porte du père Thomas. Mais, comme on ne lui répond pas, il prend le parti de monter à la fenêtre, ce qu'il fait avec beaucoup de peine, et il entre dans le grenier.

SCÈNE VIII.

L'ORAGE continue.

On voit paraître un corsaire qui fait naufrage après avoir été ballotté par la tempête.

Sabord, sur le premier pont, tient son fils dans ses bras. On voit plusieurs matelots monter après les mâts; ils implorent du secours. Sabord, voyant le vaisseau prêt à s'engloutir dans les flots, jette son fils à la mer afin qu'il puisse gagner le rivage. Un moment après le corsaire disparaît et s'enfonce dans les eaux. Sabord se jette à la mer et veut suivre son fils, mais les flots l'emportent du côté opposé.

SCÈNE IX.

FULBERT, seul.

Le calme renaît. On voit Fulbert arriver à la nage, et, après beaucoup d'efforts, il parvient auprès d'un rocher qu'il gravit avec peine. Il en descend avec vîtesse, et il regarde de tous côtés. Il aperçoit avec plaisir le hameau. En descendant sur l'avant-scène, il voit la maison du père Thomas. En regardant du côté opposé, il éprouve une grande surprise de voir une tonnelle décorée de fleurs et une table garnie de fruits.

Après un moment de réflexion il se met à table. En mangeant quelques fruits, il réfléchit sur son naufrage et sur ce repas inattendu. Il regarde les fleurs qui couvrent sa tête; il se félicite de ce qu'un moment auparavant l'onde était près de l'engloutir, et qu'actuellement il se trouve le plus heureux de tous les hommes. Pendant cette scène, Cécile et plusieurs villageoises sortent de la maison et vont du côté du rivage pour voir si l'orage se dissipe.

SCENE X.

FULBERT, CÉCILE, ANNETTE, SUZETTE, FANCHETTE, COLETTE.

Cécile descend la première du côté de la tonnelle; elle demeure surprise de voir un étranger à table. Les trois autres villageoises descendent l'une après l'autre et témoignent aussi leur surprise. Fulbert regarde Cécile et les autres villageoises avec plaisir. Cécile engage ses compagnes à faire des questions à l'étranger sur son arrivée : aucune d'elles n'ose y aller. Fulbert, voyant leur embarras, se lève et va au-devant d'elles pour leur parler; elles cherchent à l'éviter, à l'exception de Cécile qui a l'air de le voir avec plaisir.

Fulbert s'approche des jeunes villageoises; il prend la main de Cécile, et la supplie de l'entendre; il lui raconte le motif qui l'amène dans ces lieux; il dépeint le naufrage qu'il vient d'éprouver. Les villageoises frémissent sur les dangers qu'il a courus.

Fulbert rit de leur frayeur. Les villageoises l'entourent, et cherchent à le consoler des dangers qu'il vient de courir.

Fulbert reprenant sa gaîté leur dit que cela n'est rien pour un marin, et qu'après l'orage on revoit le beau temps. Après un moment de réflexion, il cherche avec inquiétude dans ses poches, et en tire sa pipe qu'il croyait perdue.

Les villageoises rient du chagrin qu'il témoignait pour un objet de si peu d'importance.

Pendant que Fulbert mime l'air de *la pipe de tabac*, il ne perd pas de vue Cécile, et lui témoigne le plus vif intérêt ; Cécile s'approche plus près de lui. Les autres villageoises l'entourent et ne perdent pas un mot de ce qu'il dit.

A la fin de l'air, Fulbert prend la main de Cécile et la fixe avec des yeux pleins d'amour. Cécile baisse les siens.

Les autres villageoises regardent avec intérêt cette scène.

Au même moment, Nicaise paraît à la croisée et reste tout ébahi de voir un étranger au milieu des villageoises, ce qui forme un tableau.

SCÈNE XI.

LES MÊMES, NICAISE à la croisée.

Fulbert, Cécile et les quatre villageoises dansent un pas de six, gai, et pendant lequel Fulbert donne toujours la préférence à Cécile. A la fin du pas, Cécile aperçoit Nicaise à la croisée.

Nicaise menace Cécile d'aller avertir ses parens. Elle va elle-même les chercher. Fulbert se moque de Nicaise et continue de danser avec les quatre villageoises.

SCÈNE XII.

LES MÊMES, la mère THOMAS, LISE, BAZILE et NICAISE
sortant de la maison.

Nicaise, voyant l'intérêt que Cécile prend à l'étranger, en témoigne beaucoup d'humeur et cherche à le desservir auprès de la mère Thomas. Mais la bonne mère, ne suivant que l'impulsion de son cœur, fait beaucoup d'amitié à Fulbert, et l'engage à entrer chez elle. Nicaise veut retenir les quatre villageoises pour leur demander quel est ce jeune homme, mais elles le repoussent en se moquant de lui et rentrent dans la maison.

SCENE XIII.

NICAISE, BAZILE, LISE.

Bazile et Lise se jurent un amour éternel. Chaque fois que ces deux amans se témoignent leur tendresse, Nicaise se désole et maudit l'étranger à qui Cécile prodigue tous ses soins. Il va pour conter ses chagrins aux deux amans qui ne l'écoutent pas.

Cette scène est interrompue par l'arrivée de Sabord qui descend du hameau par la colline ; il s'arrête à moitié chemin, en remerciant plusieurs villageois qui le conduisent. Ces derniers se retirent.

SCENE XIV.

SABORD, BAZILE, LISE et NICAISE.

Sabord s'avance sur la pointe du rocher et témoigne beaucoup d'inquiétude sur son fils. Il reconnaît l'endroit où il l'a jeté dans la mer, ce qui l'engage à descendre du monticule. Nicaise va à lui ; il le repousse et ne veut pas l'entendre. Bazile s'approche de lui et le salue. Sabord lui rend son salut avec indifférence. Lise n'ose l'approcher. Sabord regarde toujours du côté du rivage à gauche où il reste pensif. Lise s'approche enfin de lui avec crainte. Sabord la regarde avec plaisir, ce qui engage Lise et Bazile à lui offrir d'entrer chez leurs parens pour se reposer de ses fatigues. Sabord descend sur l'avant-scène et les remercie.

Nicaise lui offre de se rafraîchir : Sabord le refuse brusquement. Nicaise se sauve dans un coin du théâtre.

Bazile et Lise, s'apercevant que Sabord éprouve un violent chagrin, s'approchent de lui pour le consoler; Sabord les regarde, et, malgré la brusquerie de son caractère, la nature l'emporte ; les larmes lui viennent aux yeux; il finit par leur dire qu'il cherche son fils qui a fait naufrage sur ces côtes.

Pendant cette scène, Nicaise, qui a écouté Sabord, reconnaît l'étranger pour être son fils, et se met à sauter en disant qu'il est retrouvé, et qu'il va le chercher. Sabord témoigne sa joie d'avoir retrouvé son fils, et boit, en signe d'allégresse, du rhum qu'il a dans une gourde.

Lise et Bazile expriment le plaisir qu'ils éprouvent de voir Sabord heureux. Nicaise frappe à la porte de toutes ses forces, en manifestant la joie qu'il a de ce que le jeune étranger, ayant retrouvé son père, ne tardera pas à partir, et qu'une fois débarrassé de ce rival, il ne peut manquer de posséder Cécile.

SCENE XV.

Bazile et Lise conduisent Fulbert dans les bras de son père. Le père Thomas et sa femme, le vieux père Mathurin, Cécile et les quatre villageois sortent de la maison et entourent Sabord avec beaucoup d'empressement, ce qui forme un tableau.

Sabord remercie le père et la mère Thomas ; il dit

à son fils qu'il faut partir. Fulbert refuse d'obéir. Sabord ordonne à son fils de le suivre; Cécile s'approche de Sabord et l'invite à différer son départ. Sabord s'aperçoit que son fils aime Cécile, et, les regardant tous deux, il prend Fulbert par la main et veut l'emmener.

Le père Mathurin prie Sabord de rester encore quelques momens. Sabord est indécis. Lise, Bazile, le père et la mère Thomas, ainsi que les villageois, joignent leurs prières à celles de Mathurin. Sabord finit par céder à leurs instances en regardant toujours Cécile et son fils. Ils entrent tous dans la maison, à l'exception de Nicaise et de Cécile.

SCENE XVI.

Nicaise arrête Cécile au moment où elle va pour entrer dans la maison, et lui renouvelle les expressions de son amour en se jetant à ses pieds ; il lui déclare qu'il veut l'épouser. Cécile le repousse vivement et lui dit qu'elle ne consentira jamais à cet hymen ridicule. Elle se sauve dans la maison en lui fermant la porte au nez.

SCENE XVII.

NICAISE, seul.

Il se livre au plus grand désespoir et annonce le dessein de se détruire. Il va pour se jeter dans la mer ; mais, au moment de s'y précipiter, il recule épouvanté. Il aperçoit la table, il cherche un couteau pour se poignarder, mais, n'en trouvant pas, il détache sa cravate qu'il attache à une branche d'arbre pour se pendre ; mais, au moment où il s'élance, la branche casse et il tombe tout meurtri au milieu du théâtre.

Pendant cette scène burlesque, les quatre villageoises sont cachées au fond du théâtre, et rient

du désespoir de Nicaise en se promettant de s'en
amuser.

SCENE XVIII.

NICAISE, COLETTE, ANNETTE, SUZETTE, FANCHETTE.

Colette s'avance auprès de Nicaise et lui dit qu'elle
veut en faire son époux. Nicaise la regarde avec surprise et fait le difficile, lorsqu'Annette et les deux
autres villageoises lui en font autant. Nicaise, dans le
plus grand étonnement de se voir tant désiré, finit par
être au comble de la joie.

Elles feignent de prendre de la jalousie entr'elles
pour Nicaise. Nicaise leur dit qu'il se trouve très-
embarrassé de faire un choix parmi elles. Les villageoises lui offrent chacune un ruban de différente
couleur, en l'engageant à choisir.

Nicaise leur tire sa révérence, en leur disant qu'il
est bien fâché, mais que son cœur appartient a
Cécile.

Les quatre villageoises, se retournant vers lui, le
montrent au doigt, lui rient au nez et lui font voir
qu'elles se sont jouées de lui.

Nicaise fait tous ses efforts pour se débarrasser
d'elles et pour entrer chez le père Thomas. Les villageoises s'y opposent, et le forcent à fuir du côté du
hameau où elles le poursuivent.

SCENE XIX.

Cécile sort de la maison; Fulbert la suit; ils dansent un pas de deux pendant lequel Fulbert et Cécile
se témoignent mutuellement leur amour.

Au milieu du pas, Nicaise arrive en courant et en
regardant toujours derrière. Lorsqu'il est au milieu
du théâtre, il aperçoit Fulbert et Cécile; il demeure
immobile de surprise. Après un moment de réflexion,
il marche sur la pointe du pied; il ouvre la porte et
va avertir Sabord du tête-à-tête des deux amans.
Cécile dit à Fulbert, avec tristesse, que son père
veut le forcer à partir. Fulbert lui jure avec vivacité

de ne jamais la quitter. Dans ce moment, Sabord arrive ; il entend le serment de son fils et se présente tout-à-coup au milieu des deux amans, ce qui forme tableau.

(Frayeur de Cécile, résolution de Fulbert, joie de Nicaise, colère de Sabord.)

SCENE XX.

Sabord ordonne à son fils de le suivre. Fulbert prend Cécile entre ses bras, et dit à son père qu'il ne la quittera jamais. Cécile veut se jeter aux pieds de Sabord pour tâcher de l'attendrir ; celui-ci la repousse, et réitère à son fils l'ordre de le suivre ; Fulbert résiste. Sabord tire un pistolet de sa ceinture et le menace de lui brûler la cervelle s'il ne lui obéit pas sur-le-champ. Cécile se précipite au milieu d'eux pour arrêter le bras de Sabord. Fulbert se moque de la colère de son père, et rassure Cécile. Sabord ne peut s'empêcher de sourire en voyant la fermeté de son fils. Nicaise, ayant vu la colère de Sabord, qui, sans y penser, s'approche de lui le pistolet à la main, s'enfuit à toutes jambes du côté du hameau ; il rencontre les quatre villageoises qui l'ont tourmenté. Il rebrousse chemin et se sauve dans la maison au moment où Thomas en sort pour connaître la cause du bruit qu'il vient d'entendre.

SCENE XXI.

Le père THOMAS, LISE, BAZILE, SABORD, FULBERT, CÉCILE, et ensuite la mère THOMAS, le père MATHURIN et le Tabellion.

Fulbert et Cécile prient le père Thomas d'intercéder pour eux auprès de Sabord. Thomas s'approche de Sabord et lui frappe sur l'épaule en lui demandant le sujet de sa colère. Sabord lui répond avec humeur, et se pleint amèrement davoir trouvé son fils jurant un amour éternel à Cécile. Thomas lui répond que l'amour de ces deux enfans lui paraît très-naturel ; Sabord n'étant pas de cette avis, une discussion assez

vive s'engage entre les deux pères. Fulbert s'élance
au milieu d'eux pour les calmer; mais il est repoussé
vivement par son père. Thomas, impatienté à son tour,
dit à Sabord qu'il peut partir avec son fils. Fulbert,
effrayé de cette résolution subite, s'élance auprès de
Thomas, et l'engage à ne pas persister dans ce dessein.

Thomas le rassure en prenant la main de sa fille
qu'il unit à celle de Fulbert, ensuite il s'approche de
Sabord, lui offre son amitié, et lui montre sa
maison et tout ce qui l'environne; il lui dit que la
moitié de sa propriété sera pour Cécile. Il lui dépeint
le bonheur de se voir renaître dans ses enfans et ses
petits-enfans, et, lui montrant la pointe du rocher attenant à une maison qui lui appartient, il lui dit que
ses enfans lui construiront une tonnelle, et qu'ils lui
prodigueront tous leurs soins, l'un à ses côtés, l'autre
sur ses genoux, et un troisième lui présentant sa pipe
et son rogome.

Pendant ces détails, Sabord suit tous les mouve-
mens de Thomas, et se radoucit peu à peu par l'émo-
tion qu'il éprouve.

SCENE XXII ET DERNIERE.

LES MÊMES, tous les Villageois et Villageoises.

Pendant la scène qui vient de se passer, le père
Mathurin conçoit le projet d'aller former le tableau
que vient d'indiquer Thomas sur la pointe du rocher.
Il emmène avec lui Fulbert, Cécile et le tabellion, et
s'y place avec eux, ce qui forme un tableau.

Au même moment, Lise et Basile se jettent aux
genoux de Sabord. Une partie des villageois suit leur
mouvement, et l'autre entoure Mathurin et Thomas,
ce qui forme trois tableaux différens.

Sabord ne peut plus résister; des larmes s'échappent
de ses yeux; son cœur, endurci par la profession
qu'il exerce, cède au mouvement de la nature; il re-
lève Lise et Bazile, et, n'apercevant pas ses enfans au-

tour de lui, il les cherche pour les embrasser ; mais quelle est sa surprise de les voir auprès du vieux Mathurin. Ce bon père lui tend les bras pour lui indiquer sa place. Sabord, ému jusqu'à l'attendrissement, finit par aller se placer au milieu d'eux.

(Groupe général.)

On voit Sabord unir les deux jeunes gens. Le tabellion lui présente le contrat, qu'il signe sans hésiter.

Tout le monde est au comble de la joie à l'exception de Nicaise qui s'est caché dans la maison, d'où il sort au moment où Sabord conduit ses enfans.

Tout le monde est dans l'allégresse. Sabord descend du monticule, conduisant le vieux Mathurin suivi de Fulbert, de Cécile et de tout le groupe.

Sabord s'avance près de Thomas, et lui témoigne le plaisir qu'il éprouve de s'allier à sa famille.

Fulbert embrasse Lise sa belle-sœur ; il va ensuite taper sur l'épaule de Nicaise qui boude dans un coin ; il lui tend la main en signe d'amitié ; celui-ci ne l'accepte qu'avec répugnance.

Toute la famille se place sous la tonnelle. On exécute une ronde générale très-gaie et à laquelle tout le monde prend part, jusqu'à Sabord lui-même qui se laisse entraîner par la bruyante allégresse de tous les villageois.

FIN.

Imprimerie de CHAIGNIEAU fils aîné.

www.ingramcontent.com/pod-product-compliance
Lightning Source LLC
LaVergne TN
LVHW021602170726
843501LV00010B/3830